T0104595

Basta ya del racismo

Basta ya del racismo

Una voz de alerta

Judith Shirley Zamora

Para realizar pedidos de este libro, contacte con:
Palibrio
1663 Liberty Drive, Suite 200
Bloomington, IN 47403
Gratis desde EE. UU. al 877.407.5847
Gratis desde México al 01.800.288.2243
Gratis desde España al 900.866.949
Desde otro país al +1.812.671.9757
Fax: 01.812.355.1576
ventas@palibrio.com
724416

ÍNDICE

PRÓLOGO

Estando yo en la casa me vino a mi mente el dolor que nosotros los hispanos estamos pasando.

Este tema tiene un significado muy importante a medida que va usted en el libro viendo todos los aspectos relacionados con el tema.

PREFACIO

A lo largo de la historia desde el principio El hombre ha sido abusado, despreciado, maltratado, y todo ha venido a través del tiempo y hoy en día que la tecnología el conocimiento, El progreso de la Ciencia y las Sociedades tenemos que estar a la vanguardia creo que este libro abrirá El entendimiento para una mayor dimensión sobre El Racismo, y sus implicaciones, los niños, las mujeres, los ancianos, los jóvenes y los animales no importa la Esfera Sociales. La Oscuridad que existe y el que me importismo sobre este tema. Nadie se atreve, pero yo voy a declararlo públicamente en este Libro que Dios me ayude en cada parte a revelar los abusos de hoy.

BASTA CON EL RACISMO

Les digo algo:

Ilegales hemos sido la mayoría, desde que entramos a América decidimos quedarnos.

Aun los Emigrantes Ilegales que vinieron en el Barco May flower huyendo de Inglaterra por ser cristianos los decapitaban, y también entraron personas de otros países. Las nuevas generaciones de esa Época que nacieron en América, ellos si son Ciudadanos Americanos, pero su descendencia son de familiares emigrantes que vinieron en el Barco May flower.

Los únicos que habitaban en América antes 1492 fueron los indios americanos que a su vez vinieron según la historia lo menciona (*cruzaron por el estrecho de Bering, han de haber sido de diferentes grupos nómadas que caminando empezaron a poblar América dando así lugar a diferentes civilizaciones*) cuando los inmigrantes en esa época eran los Indios Americanos descendientes de grupos nómadas.

Estos Indios recibieron a los Emigrantes que venían huyendo de la persecución religiosa y llegaron en el Barco Mayflower un grupo de peregrinos quienes fueron recibidos por los indios Guapanoah que habitaban en Massachusetts les brindaron y ayudaron a sobrevivir el invierno y también les ensenaron a cosechar el maíz cazaban animales salvajes y pavos. Llegado el otoño este grupo de peregrinos invito a los indios a compartir una cena de agradecimiento como una acción de gracias y así fue como comenzó la tradición que fue oficialmente establecido por El presidente Abraham Lincoln en el año 1863 fue en el cuarto Jueves del mes de Noviembre, en 1941 fue declarado oficial por el congreso de los Estado Unidos como un día festivo a celebrarse el cuarto Jueves del mes de Noviembre, como inmigrantes a este país damos gracias por la oportunidades que ofrecen y al esfuerzo y la misericordia de los indios Guapanoah y los peregrinos que decidieron luchar por su libertad de religión y adoración al Dios todo poderoso, y quedo de tradición en este país América.

Donde se reúnen las Familias.

Hablo de los hispanos. El hecho que algunos sean ilegales hay muchas personas que los llaman indios, pero les digo algo eso no altera la diferencia son personas trabajadoras y Dios nos Ama a todos por igual, Dios es Amor.

Ya es hora que las Leyes de este País legalicen a los emigrantes ilegales que están en esta Nación desde hace décadas sin sus documentos.

Los hispanos son personas trabajadoras, no viven del gobierno y ellos no tienen derecho a las ayudas porque no están legales, solo los que disfrutan de las ayudas son los ciudadanos americanos tal vez para El hombre los hispanos no valen nada, pero para Dios valemos mucho, porque Dios es Amor.

Señor Presidente: le pido que legalice a todas las personas que tienen su record limpio en este país, ellos también tienen derecho a ser ciudadanos legales americanos, aún más con hijos y nietos americanos, ya basta con el racismo y el odio.

No estoy de acuerdo con las personas que vienen a dañar, con ellos si tienen que tener mano dura.

No puedo creer como está El Mundo con tanto odio en su corazón hacia el ser humano sobre todo a los hispanos, solo se enfocan como son en el físico, pero les digo algo somos orgullosos de ser hijos de un Gran Rey Dios Todo Poderoso. Todos vamos hacer juzgado nadie se salvara del juicio de Dios.

Estamos viendo en las noticias, en el diario vivir como atacan a aquellos que son o provienen especialmente de México y que vienen a trabajar pero les digo aun siendo ilegales son personas que trabajan bajo sol, lluvia, frio sacando las frutas, los vegetales, para llevarlas a las mesas de los hogares, y aun son maltratados, donde está el amor? Creo que ellos merecen ser legalizados.

Cuándo Dios hizo el mundo y creó al hombre lo hizo único lo hizo para El y somos nosotros los humanos que hacemos diferencia pero Dios no tiene acepción de personas y para El todos somos iguales, usted come, ellos también, Ud. duerme, ellos también, Ud. llora ellos también entonces no hay diferencia.

Dios no tiene preferencia de sus hijos para El somos todos iguales, el día que nos vamos de este mundo no nos llevamos nada, todo queda acá porque hay tanto odio y maltrato al ser humano. Dios nos manda: a amarnos unos a otros, Que seriamos sin Dios?

Cuando somos obedientes somos bendecidos. Debemos amarnos unos a otros, no como Caín que mato a su hermano Abel por celo, odio, envidia. Somos creados a la imagen de Dios La justicia de los rectos los librara;

"Bendito el hombre que confía en Jehová..." - JEREMÍAS 17:7-8

"De tal manera amo Dios al mundo....." Juan 3:16

Dios dice: Ama a tu prójimo como a ti mismo, donde está el amor de ellos. El hombre ha llegado hasta el extremo de tener tanto rencor en su corazón, odio, amargura, desprecio, racismo, envidia, altivez nada de eso le agrada a Dios. Busque la presencia de Dios, Dios es Amor.

Él Vive, La Tumba es vacía: Dios quiere que nos amémonos unos a otros como Él nos Ama.

SR: presidente

Con mi mayor respeto me dirijo a usted para pedirle nuevamente la oración a la nación que usted la ponga como una Ley, que la Biblia se lean en las escuelas, la casa blanca y otras instituciones, desde que entraron los emigrante cristianos se leía la palabra de Dios por muchas décadas.

Una Nación, un Hogar todo está bien cuando dejamos a dios que nos dirija y estamos más seguros, pero hoy en día ya no existe la oración en América la han quitado eso representa que el hombre le dio la espalda a Dios.

Y una nación sin Dios lo que viene es destrucción como hoy en día está sucediendo en todo los países del mundo. Quien está dirigiendo los países es satanás para el no existe el amor solo la maldad que el hombre no tenga amor en su corazón, solo odio, por eso es que hay tanta violencia, rencor, maldad, violadores por toda la nación, sin oración todo va hacia el abismo,

URGENTE: hay que traer la palabra de Dios nuevamente a este país, miren como están las escuelas necesitando la oración urgente, todos los organismos de este país, aun la casa blanca de leer la biblia, dejarle todo a Dios en sus manos, todo cambiaria, sería una América nuevamente levantada en todos los aspectos.

Usted es un hombre inteligente y cristiano, si quiere que todo se le cumpla declare esa Ley. Sé que ha tenido mucho obstáculos pero usted puede hacerlo y venceremos, no hay que dejar a Dios atrás Él es el primero en todo y Satanás quiere ver el mundo destruido, no quiere ver a nadie feliz, pero no le vamos a dar el gusto. La Biblia es la palabra de Dios y es una espada de dos filos que penetra hasta lo más profundo y discierne la intención del corazón y la oración tiene poder para vencer todo obstáculo y así implantando estos dos recursos de Dios nuestra sociedad será mejor porque Dios es el creador así como el que fabrica un automóvil sabe cómo funciona y que necesita pero hay que buscar a Dios en todo momento y a primeras horas del día doblando rodillas.

SALMO 1:6 Porque Jehová conoce el camino de los justos, más la senda de los malos perecerá.

Sr. Presidente:

Como puede ser posible que un delincuente violador estén en las calles haciendo de las suyas sin ley. ¿Será esto correcto delante de los ojos de Dios?, pero las Autoridades solo se enfocan en las personas ilegales que están en este país, han llegado al extremo de pedirles documentos en las calles hay muchos de ellos que tienen sus records limpios y aun así se los llevan presos, las autoridades deben de enfocarse más en los violadores que abusan de los niños inocentes, jóvenes y aun de las mujeres solas. Ellos si son una mala reputación para el país.

Los tenemos de vecinos y no sabemos nada, deberían de tenerles grilletes para identificarlos con ellos si deben de tener mano dura se los merecen. Solo Dios hace al hombre feliz.

SR: Presidente

Me dirijo nuevamente a usted para recordarle cuando usted andaba en campaña buscando los votos latinos ofreciendo legalizar a tantas personas indocumentadas pero pasaron los años y nada se cumplió con la promesa que usted prometió. ¿Dónde está su autoridad?

Llego nuevamente las elecciones y usted volvió a buscar los votos latinos y hasta el momento no ha cumplido su promesa, ¿como ellos van a creer en usted? Pero Dios es fiel y El sí cumple sus promesas, Dios está sacando a las gentes de su maldad y cambiando al mundo, Ud. debería ser un precursor de Cristo.

Dios dice en su palabra, no creas en el hombre cree en mí. Sé que usted ha tenido muchos obstáculos de parte de los Republicanos para la aprobación de las leyes de inmigración en favor de los ilegales, pero ellos todo lo niegan y estoy creyendo que los intereses son para ellos y no para el pueblo americano.

Dios tiene la última palabra, los candidatos hablan mucho, ofrecen promesas pero no las cumplen, ¿cómo se le puede creer al hombre?

Cuando logran llegar a la presidencia se olvidan quien los llevo, Sr Presidente perdóneme si le estoy faltando el respecto pero hay que hablar no quedarse callado, tenemos libertad de expresión gracias a Dios, vuelvo y le digo no lo culpo a usted porque sé que ha tenido muchos obstáculos, pídale a Dios que antes que usted entregue el mandato se le cumpla la promesa que prometió, Dios escucha al que le busca a Él, tenemos que humillarnos delante de Dios.

Le queremos mucho y pido todos los días por usted y su familia que Dios los cuide y los bendiga.

El hombre le ha dado la espalda al primer amor que es Dios. Estamos pasando pruebas grandes, tenemos que tener fe como un grano de mostaza. Si tenemos fe todo se hace realidad, la fe mueve montañas si creemos, ¿Ud. Cree? Yo creo y tengo fe en

Jesucristo que mi salvador, es para Ud. su salvador? *"y ser hallado en él"* FILIPENSES 3:9

También las Autoridades van a los trabajos a buscar a los ilegales para deportarlos a sus países, cuando las compañías y los mismos empresarios los buscan para explotarlos y eso es inhumano no lo puedo creer como el amor del ser humano pueda llegar hasta esa crueldad, no pensando en sus familias especialmente en los hijos los cuales ellos sufren y más tarde pueden tener traumas, y también separarlos de sus padres.

DEBERES DE LA VIDA CRISTIANA.

Nuestra obligación es practicar el amor no como el mundo lo ofrece sino como Dios nos enseña y podemos ver al apóstol Pablo refiriéndose a los romanos en su epístola *"El amor sea sin fingimiento. Aborreced lo malo y seguid lo bueno"* ROMANOS 12: 9-15

Necesitamos escuchar la voz de Dios y sus instrucciones para su creación; ISAÍAS 1:2-5 nos habla de ello: *"Oíd, cielos, y escucha tú, tierra, porque habla Jehová"*

EL JUICIO DE JEHOVÁ SOBRE LA TIERRA.

Todo lo que está pasando o sucediendo no solamente en los Estados Unidos sino en todo el globo terráqueo Dios va pedir cuenta a todo ser humanos sin acepción de persona, raza, credo o condición social económica o intelectual y podemos ver por medio de las profecías escritas en esta porción del libro de Isaías *"He aquí que Jehovah devastará y arrasará la tierra"* ISAÍAS 24. 1-6

*LA BIENAVENTURANZA DEL AMOR FRATERNAL.

"Mira cuan bueno y cuan delicioso es que habiten los hermanos juntos en armonía" SALMO 133:1-3

ORACIÓN DE UN AFLIGIDO.

El ser humano llega a una etapa de su vida en la cual el corazón esta quebrantado por las circunstancias de la vida entonces es cuando podemos ver hacia el cielo y orar al Eterno y el salmo 102 es un ejemplo: "*Jehová, escucha mi oración y llegue a ti mi clamor. No escondas de mi tu rostro en el día de mi angustia*" SALMO: 102.1-10

AMONESTACIÓN CONTRA LA PEREZA Y LA FALSEDAD.

Dios amonesta contra la falsedad y aquellos que piensan lo malo y por esta causa se comenten crímenes en contra de la sociedad y la mentira es parte de su estratagema así como Satán engañó a Eva y a Adán y por esta causa la tierra esta maldita por el pecado, Dios aborrece el pecado y en Proverbios dice: "Seis cosas aborrece Jehová, y aun siete le son abominables" PROVERBIOS 6:16-19.

El pueblo escogido de Dios es el pueblo de Israel y para mantener este legado entregado por Jehová en el monte Sinaí ellos practican el Shema que es" Escucha Israel Jehová nuestro Dios Jehová uno es" Deuteronomio 6:4

Su amonestación está en toda la biblia y ella es el espejo de nuestra alma para ver done hemos caído y te dice en Proverbios: "Guarda, hijo mío, el mandamiento de tu padre y no abandones la enseñanza de tu madre" PROVERBIOS 6:20-23

LA PROMESA DEL ESPÍRITU SANTO.

La Biblia está plasmada de promesas una de las más importantes promesas es la promesa del Espíritu Santo y se encuentra en 1 Biblia versión Reina Valera del 60 en el libro de Juan y dice así: en "*Si me amáis, guardad mis mandamientos. Y yo rogare al Padre y os Dara otro Consolador*"... JUAN 14:15-19

LA FE SIN OBRAS ESTA MUERTA.

SANTIAGO 2:14-19 Hermanos mis, ¿de qué aprovechara si alguno dice que tiene fe y no tiene obras? ¿Podrá la fe salvarlo? Y si un hermano o una hermana están desnudos y tienen necesidad del mantenimiento de cada día, y alguno de vosotros les dice: Id en paz, calentaos y saciados, pero no les dais las cosas que son necesarias para el cuerpo, ¿de qué aprovecha? Ase también la fe, si no tiene obrase, está completamente muerta. Pero alguno dirá: Tú tienes fe y yo tengo obras. Muéstrame tu fe sin tus obras y yo te mostrare mi fe por mis obras. Tú crees que Dios es uno; bien haces. También los demonios creen, y tiemblan.

EL ESPÍRITU DE DIOS Y EL ESPÍRITU DEL ANTICRISTO.

1JUAN 4:1-6 ¡Amados, no creáis a todo espíritu, sino probad los espíritus si son de Dios, porque muchos falsos profetas ha salido por el mundo. En esto conoced el Espíritu de Dios: todo espíritu que confiesa que Jesucristo ha venido en carne, es de Dios; y todo espíritu que no confiesa que Jesucristo ha venido en carne, no es de Dios; y este es el espíritu del Anticristo, el cual vosotros habéis oído que viene, y que ahora ya está en el mundo. Hijitos, vosotros sois de Dios y los habéis vencido, porque mayor es el que está en vosotros que el que está en el mundo. Ellos son del mundo; por eso hablan de las cosas del mundo y el mundo los oye. Nosotros somos de Dios. El conoce a Dios, nos oye; el que no es de Dios, no nos oye. En esto conocemos el espíritu de verdad y el espíritu de error.

EL TESTIMONIO DEL ESPÍRITU.

1JUAN 5: 6-12 Este es Jesucristo, que vino mediante agua y sangre; no mediante agua solamente, sino mediante agua y sangre. Y el espíritu es el que da testimonio, porque el Espíritu es la verdad. Tres son los que dan testimonio en el cielo: el Padre, el Verbo y el Espíritu Santo; y estos tres son uno. Y tres son los que dan testimonio en la tierra: el Espíritu, el agua y la sangre; y estos tres concuerdan. Si recibimos el testimonio de los hombres, mayor es el testimonio de Dios, porque este es el testimonio con que Dios ha testificado acerca de su Hijo. El que cree en el Hijo de Dios tiene el testimonio en si mismo; el que no cree a Dios, lo ha hecho mentiroso, porque no ha creído en el testimonio que Dios ha dado acerca de su Hijo. Y este es el testimonio: que Dios nos ha dado vida eterna y esta vida está en su Hijo. El que tiene al Hijo tiene la vida; el que no tiene al Hijo de Dios no tiene la vida.

EL hombre bueno del tesoro del corazón saca buenas cosas; y el hombre malo del mal tesoro saca malas cosas. (MATEO 12:35)

DIOS BENDIGA ESTA NACIÓN.

Dios bendiga esta nación: *Los labios mentirosos son abominación al Señor; pero le complacen quienes actúan con verdad.* (Proverbios 12:22)

Nadie puede juzgar al ser humano, solo Dios es el que juzga. Necesitamos volver al primer amor que esta Cristo Jesús nuestro Salvador y Señor, el vive y la Tumba está Vacía, su resurrección bendice a todo el mundo y a esta nación. Como dice la escritura: Y nosotros hemos visto y testificamos que el Padre ha enviado al hijo, el Salvador del Mundo. De cierto de cierto os digo: El que cree en mí, tiene vida eterna dice Jesús en los evangelios

Sr. Presidente: discúlpeme por las palabras fuertes pero yo me llevo por la Biblia y sabemos todo lo que está sucediendo en el mundo se está cumpliendo. Esto es el principio de dolores.

Tenemos que agarrarnos de las mano de Dios con un corazón limpio y contrito y humillado.

Para tener la victoria en Cristo Jesús: *"Quita pues de ti corazón el enojo, y aparta de tu corazón el mal, porque la adolescencia y la juventud es vanidad"*(ECLESIASTÉS 11:10)

1. ABUSO INFANTIL

Con el mayor respecto les hablo a los padres de familias, sobre el cuidado de sus hijos inocentes, ellos son indefensos, tiernos, que tengan cuidados con ese regalo precioso que nos da Dios, no vinieron por casualidad ¡no!, son niños indefensos, sin malicias en sus mentes, ¿no puedo entender como hay tantos padres que desprecian sus seres queridos?, esos angelitos que necesitan el cuidado, el amor de los adultos sobre todo de su madre, los maltratan físicamente, emocionalmente, abuso verbal, los queman, los matan, los dejan tirados en las puertas de instituciones, el basurero, como ha llegado tanta crueldad con los inocentes, ellos no pidieron llegar a este mundo, a sufrir. Esos padres les llegaran el tiempo de entregarle cuenta a Dios por sus hijos. La palabra de Dios dice: *"dejar venir los niños a mí porque de tales es el reinos de los cielos."* Lucas s 18:16

Para mí esos padres deben tener un castigo, son personas sin amor al prójimo, no tiene a Dios en su corazón, a los niños les quedan traumas para el resto de sus vidas. Las leyes deberían estar más pendientes de estos casos, les digo una cosa padre de familia arrepiéntete de corazón no de labios y busquen a Dios y deja de hacer tan cruel con los inocentes, sabes vas a entregarles cuentas a Dios, por todas las crueldades que hagas y para evitar todo esto necesitas someterte a Dios y buscar su justicia y necesitamos arrepentirnos dice en Mateo 6:33 *"Arrepentíos, buscar primero el reino de Dios y su justicia Y lo demás vendrá por añadidura."* Necesitamos buscar a Dios y el que le busca crea que le hay y cuando nos sometemos a Dios le damos a El to poder y autoridad en nuestras vidas *"Someteos, pues, a Dios; resistid al diablo, y huira de vosotros"* Santiago 4:7.

Continuo hablando a las Autoridades, por esas personas de mentes diabólica, inescrupulosas, que solo piensan en hacerles danos a los niños inocentes y ellos son el futuro de América, hasta cuándo vamos aceptar esas monstruosidades de esas personas deben de tener más castigos severos para ellos, los Jueces no deberían aceptarles que ellos pagan fianzas no se lo merecen, los niños tienen que tener su libertad no permitiéndoles que nadie les hagan danos, y aun sus propios padres con abusos como ve uno cada días por las noticias y las que salen a la luz del mundo hasta cuando los niños están pagando esos abusos diabólicos solo los hacen los seres que no tienen a Dios en su corazón y amor a los niños, también abusan de sus propios hijos, les digo a esas personas arrepiéntete de corazón no de labios, busca ayuda de Dios Él es el único que puede cambiar tu vida no hay otro, Él vive la tumba esta vacua, busca en espíritu y verdad no le des cabida a tu mente que te la gobierne el diablo solo él quiere ver al mundo destruido no quiere ver a nadie feliz eso es lo que da satanás destrucción. Pero Dios es Amor. No quisiera mal para los niños inocentes, a los jóvenes, los abuelitos y las madres solas, deberíamos tener más amor por el prójimo como Dios no manda amémonos unos a los otros, es un mandato de Dios, no odiarnos esa palabra no aparece en la Biblia.

Dios nos manda ir a todas las naciones a llevar las buenas nuevas de salvación, el evangelio de Cristo para salvación de nuestras almas y recibirán vida eterna al que cree y fuera bautizado. ¡Aleluya!

2. ABUSO DE LOS ANCIANOS

Me siento muy triste y mal, como hoy en día tratan a los ancianos, sin amor. Esos Padres, Abuelitos que todo lo dieron por sus hijos y nietos y a sus familiares cercanos, que los llevaran por un motivo, trabajar o ir de compras eso si tiene explicación pero no para dejarlos por siempre seria doloroso para ellos, para mí los Asilos no son la solución, creo que ellos no tienen el mismo amor que les pueda dar sus propios hijos, ellos reciben traumas, soledad, tristeza y abandono, solo la familia les puede dar amor. Claro pueden haber personas verdaderamente con un corazón lleno de amor, para atenderlos bien con amor, hay que tener paciencia con los ancianos de la tercera de edad, sus mentes vuelve a la niñez, bendigo a esas personas que tienen ese amor sincero, para los ancianos., ellos pierden la noción del tiempo, hay muchas personas que los engañan, los maltratan, les pegan como si ellos no sienten el rechazo y el dolor de las personas que abusan de ellos, les pido a los familiares que Dios le puedan dar la paciencia para poderlos tener en sus casas a sus seres queridos, basta ya contra la injusticia hacia los ancianos, sepan tener amor, ellos son frágiles, ámalos, abrázalos, denle un beso de amor verdadero, dile te amo en el amor de Cristo nada te cuesta. *"La gloria de los jóvenes es su fuerza. La belleza de los Ancianos su vejez"* (PROVERBIOS 20:29).

Les hablo a los hijos y nietos, les digo una cosa si ellos algún día le faltaron por cualquier índole perdónales no somos nadie para juzgar, solo Dios es el que juzga, también nosotros vamos por el mismo camino de la vejez y lo que damos más tarde lo recibiremos, *"la ley del señor es perfecta, que restaura el alma. El*

3

testimonio del señor es seguro que hace sabio al sencillo" (SALMO 19:7) La justicia de los rectos los librara más los pecadores serán atrapados en su El amor todo lo espera, todo lo soporta eso es Amor. *Muchos son los planes en el corazón del hombre; mas el consejo del señor permanecerá* (PROVERBIOS 19:21)

Aun en la vejez y seré el mismo y hasta vuestras canas os sostendrá. *"Yo, el que hice, yo os llevaré, os sostendré y os guardaré."* (ISAÍAS 46:4).

Corona de honra en la vejez que se encuentra en el camino de la justicia. (ISAÍAS 16:31).

Amor a vuestros ancianos, Dios continúe bendiciendo a los ancianos.

3. ABUSO DE LA MUJER

Mujer haz valer tus derechos, hombres Dios te ha entregado tu esposa, para que la ames, la respectes, la valores, la honres, como mujer, no como esclava, abusan sin piedad ellos creen que son dueños de ellas pero se equivocan no somos objeto de venta a nadie. Basta ya contra el abuso, reciben abuso físico, verbal, emocional, deberían tener temor de Dios ustedes van a entregarles cuentas a Dios por sus hechos. Mujer te digo cree y serás salva tú y tu casa, es promesa del señor. Los hombres creen que la mujer nació para esclava, pero déjame decirte algo hoy en día en pleno siglo veintiuno existen cargos grandes para la mujer como el hombre, lo que pasa que el hombre machista no quiere que la mujer se supere porque su ego le hace ser que ellos son los que manda a la mujer y se hace los que ellos dicen, ustedes son para estar en casa, te digo el mismo derecho que tiene el hombre de superarse lo tiene también la mujer, mujer abre tus ojos no tengas miedo despierta de esa realidad absurda, se han valientes acudan a las Autoridades no tengan miedo vence todos los obstáculos para enfrentarlos con respecto para la mujer miedo no debe existir, si podemos seguir adelante confiando en Dios hazlo tienes todo el derecho de hacerlos, piensa en tus hijos, no permitas más abuso quienes sufren son los hijos. Dios con nosotros, quien contra nosotros. Imagina un mundo sin Dios, imagina un mundo sin emoción, la mujer merece libertad, rompan esas cadenas que las tienen atadas al demonio, hazlo por tus hijos para que ellos no sufran más, ellos ven el mal testimonio, sufren cada día callados.

Mujer por tanto os digo que todo lo que pidieres orando, creed que lo recibiréis y os vendrá. MARCOS 11:24).

Pero sin fe es imposible agradar a Dios. Es necesario que el que se acerca a Dios crea que el existe y que recompensa a los que lo buscan. HEBREOS 11:6)

La Biblia dice: *y ahora permanece la fe, la esperanza y el amor, estas tres, pero el mayor de ellos es el Amor.* 1 CORINTIOS 13:13).

Todo lo que no proviene de la fe, es pecado. ROMANOS 14:23b).

Mujer si tuvieres fe como un grano de mostaza decís a este monte: pásate de aquí allá, y se pasara. Y nadie os será imposible. MATEO 17:20).

Honroso sea en todo el matrimonio y el lecho sin mancilla; pero a los fornicarios y a los adúlteros los juzgara Dios. HEBREOS 13:4). *Cualquiera que repudie a su mujer y se casa, con otra comete adulterio contra ella.* MARCOS 10:11). Dios quiere una familia unida, no maltrato ni abuso a la mujer. Dios nos ama. Pero (entendemos en verdad lo que significa ser amado así por el Creador del Universo). El amor de Dios es eterno. El amor de Dios es parte de su naturaleza. Qué maravilla demostración del amor de Dios.

Dios nos ama incondicionalmente. *"Dios es amor y el que permanece en amor permanece en Dios y Dios en él"* 1 JUAN 4:16b). Para mi es el mejor y verdadero amor. El de Dios. *Mira cuan bueno y cuan delicioso es que habitan los hermanos juntos en armonía.* SALMO 133:1. *Y la paz de Dios gobierna en nuestros corazones a la que asimismo fuisteis llamado en un solo cuerpo y se agradecidos.* COLOSENSES 3:15.

Y esto es el amor: que andamos según sus mandamientos. Este es el mandamiento que andéis en Amor, como vosotros habéis oído desde el principio. 2 JUAN 1:6

Casadas estad sujetas a vuestros maridos, como conviene en el Señor. COLOSENSES 3:18. Quiero hablar sobre el versículo colosenses 3,18. La mujer debe ser sujeta a su marido siempre y cuando el hombre respecte, valore y ame a su esposa, seremos obedientes como lo manda el Señor en su palabra. La voluntad de Dios es vuestra santificación: que os apartéis de fornicación. Que cada uno de vosotros sepa tener su propia esposa en santidad y honor. También fue dicho: "Cualquiera que repudia a su mujer, dele carta de divorcio. Pero yo os digo que el que repudia a su mujer, a no ser que ella adultere, y el que se casa con la repudiada, comete adulterio. MATEO 5:31,32).

Huid de la fornicación cualquiera otro pecado que el hombre comete, esta fuera del cuerpo; mas el que fornica contra su propio cuerpo peca. 1 CORINTIOS 6:18.

La Biblia dice: muchos son los planes en el corazón del hombre; mas el consejo del señor permanecerá. PROVERBIOS 19:21. Honroso sea en todo el matrimonio y el lecho sin mancilla, pero a los fornicarios y a los adúlteros los juzgara Dios. HEBREOS 13:4 El que haya esposa halla algo bueno y alcanza el favor del Señor. (PROVERBIOS 18:22). Orar

Señor solo tu Señor me haces vivir confiado. Somos creados a la imagen de Dios. Bendito el hombre que confía en Jehová. JEREMÍAS 17:7,8. Yo estoy a la puerta y llamo; si alguno oye mi voz y abre la puerta entrare a él y cenare con él, y el conmigo. (APOCALIPSIS 3:20). El que tiene mis mandamientos y los guarda, ese es el me ama; y el que me ama será amado por mi padre y yo lo amare y me manifestare a él. JUAN 14:21

Compañero soy yo de todos los que te temen y guardan tus mandamientos. SALMO 119:63. No os dejare hurdanos; volveré a vosotros. JUAN 14:18. Sean vuestras costumbres sin avaricia, contentos con lo que tenéis ahora, pues él dijo no te desamparare ni te dejare. HEBREOS 13:5. FAMILIAS UNIDAS PERMANECEN PARA SIEMPRE Cuando cubras las relaciones familiares con oración, ya se trate de niños, padres, padrastros, hermanos, abuelos, tíos, tías, primos, habrá menos ocasiones de tentación o ruptura en ellos. Jesús dijo "Bienaventurado los pacificadores, porque ellos serna llamados hijos de Dios. (MATEO 5:9). Seamos pacificadores. Evidentemente no hay suficiente de nosotros en el Mundo. Padre gracias por tus Promesas. Todo yugo sobre mi familia se rompa. Cantad alegres a Dios, habitantes de toda la tierra. (Romanos 7:6). Dios todo poderoso, tu eres el único digno de Alabanza y Adoración. Tu eres El REY.

LA BIBLIA DICE: "Unánimes entre vosotros, no altivo, sino asociándonos con los humildes. No seáis sabios en vuestra propia opinión". (ROMANOS 12:16). Tenemos que Orar con humildad y Unidad. Así que la fe es por el oír, y el oír por la palabra de Dios. HEBREOS 11:1. Por lo demás hermanos míos, fortaleceos en el Señor, y en el poder de su fortaleza. Yo amo a los que me aman, y me hallan los que temprano me buscan. (EFESIOS 3:17,18). Mis ovejas oyen mi voz, y yo las conozco, y me siguen, y yo les doy vida eterna, y no perecerán jamás, ni nadie los arrebatara de mi mano. (JUAN (6:27). Para Alabanza de la Gloria de su gracia, con la cual nos hizo acepto en el Amado. En el tenemos reducción por su sangre, el perdón de pecados, según las riquezas de su Gracia. (EFESIOS 1:6,7).

4. LES HABLO TAMBIÉN A LAS MADRES JÓVENES

Esto no es para todas, hablo de esas jóvenes que traen traumas desde temprana edad y las consecuencias vienen de una vida maltratadas, salen embarazadas sabiendo que todavía son niñas sin experiencias de la vida, les es duro para ellas poder resolver los problemas. Algunas resuelven los problemas en abortar quitarle la vida a un inocente que tiene vida en su vientre, sabes te digo una cosa eso no es solución, tienes que enfrentar la vida, y ahora tienes que ser una verdadera madre pase lo que pase, la solución que tú quieres hacer es muy peligroso de

Quitarle la vida a un inocente que apenas se está formando en tu vientre, sabes mueres tú y también el niño, las personas que hacen esas crueldades no te garantizan tu vida. Piensen Dios te está mirando, no lo hagas se valiente, son tan tiernos, frágiles, queridos.

Te voy hablar de las gallinas ellas cuidan de sus pañuelos que nadie se los arrebaten los cubren bajo sus alas. Te digo no todas las madres pueden tener familia las que los tenemos somos bendecidas. La palabra madre encierra todo, sabes Dios nos mira cada segundo todo lo que hacemos y pensamos, tenemos que entregarle cuenta d Dios por nuestros hijos. DIOS ES AMOR. Lamentablemente como está el mundo de perdido le han dado la espalda a Dios no hay amor, la mayoría de los niños mueren cada segundo en temprana edades, por los abusos de sus padres, como pueden haber personas con las mentes sucias para hacer semejantes monstruosidades sin amor en sus corazones son sangre de su sangre. Que Dios tenga misericordia de esas personas. Esto también va para las madres maduras de edad, que pierden la mente abandonando sus hijos por nuevas parejas sin saber más tarde las consecuencias de los abusos de tus hijos, claro no todos los hombres son iguales pero no sabemos los pensamientos del hombre, solo Dios conoce nuestros pensamientos. Creo que los animales piensas mejor que el ser humano nos dan tremendo mensaje, los hijos necesitan protección, amor y no maltrato, abre tus mujer, por esa razón hoy en día los hijos se rebelan contra sus propios padres por el daño que traen desde temprana edad, abandonas sus propios hijos, para que otros se los críen, pero Dios dice en su palabra hay de aquellos que se meten con mis hijos. Si verdaderamente tienen un corazón arrepiéntete delante de Dios. No dejes que el diablo maneje tu mente, tu corazón ama a tu familia. CRISTO TE AMA. Amalo tu también. Estoy en contra del ABORTO. Son tus hijos ámalos esta en tu vientre El único que nos da la vida es Dios. Y el único que nos la puede quitar. CUANDO SOMOS OBEDIENTES SOMOS BENDECIDOS. DIOS ES AMOR.

5. JOVENES ADOLECENTES

Esos jóvenes tan queridos algunos tienen sueños y otros sueños de fantasía que no llegan a nada, solo van a la perdición a la vagancia, ejemplo: como la violencia, el sexo, odio, rencor, roban, matan sin razón, sin compasión.

Como me guastaría que ellos conocieran a Dios, para que sus vidas puedan cambiar a la realidad y buscar sus sueños verdaderos que puedan ser buenos ciudadanos para esta nación, y que puedan abrir sus mentes, sus ojos a la realidad de la vida que puedan lograr sus metas hechas realidad y que se puedan valorar, sepan amar, respetar como son unos buenos ciudadanos para la patria. DIOS LES BENDIGA.

Los malos caminos van a la perdición y a la destrucción y quienes sufren son sus padres. Honra a tu padre y a tu madre para que tengas larga vida sobre la tierra, dice El Señor

Jesucristo en su palabra. Les digo algo el mejor camino se encuentra en Dios Él vive La Tumba está vacía. Amor, Felicidad hacia el prójimo, a la Familia, pueden lograr sus metas para su futuros, no escuches al necio, escucha al sabio. Los jóvenes obedientes a Dios y a sus padres serán bendecidos y buenos ciudadanos para la nación. A todos los jóvenes los amo, aunque no los conozco pero somos hijos de un solo Dios, los quiero como si fueran mis hijos y todos los días oro por ustedes. No estoy de acuerdo con el maltrato hacia los jóvenes les digo a los padres conversen con ellos es lo mejor que

Pueden hacer entenderlos a ellos por su situación que ellos puedan estar pasando por su mente, ámalos. Jóvenes no pierdan el tiempo, el tiempo es oro se va de un cerrar de ojo, sean salvos, no esclavos del pecado que es satanás, él quiere verlos destruidos, no quiere ver las familias unidas, pero Dios es poderoso y no lo permitirá, Dios vive no está muerto El resucito al tercer día la tumba está vacía, búscalo en espíritu y verdad y él te escuchara todas las peticiones de tu corazón. Él te ama. Les pido estudien prepárate para tu futuro, puedes llegar hacer un Presidente de esta nación o cualquier otra profesión ten fe y confianza en Dios y en ti mismo, no pierdas el tiempo. Les piro a las personas que no los juzguen, no sabemos cómo fue su niñez, su adolescencia, su hogar, tal vez no recibieron amor, fueron maltratados físicamente, mentalmente o fueron violados en tempranas edad por sus propios padres o familiares más cercanos tal vez eso es uno de los motivos sus rebeldía, odio, rencor, no tienen amor, porque no recibieron amor, no saben a dónde ir con su corazón herido destruido sin ganas de vivir pero te diré con todo por lo que estás pasando. Dios te recogerá Él es amor.

Dios es amor, El restaura sus corazones heridos, El recoge al huérfano, al desamparado los abraza y les da un amor puro y sincero, los jóvenes necesitan compresión y dirección tal vez ellos se sienten abandonados por sus padres y del mundo. Pero Dios está allí esperándoles con los brazos abiertos para abrazarlos y recostarlos de la soledad, búscalo Él vive la tumba está vacía. Ellos traen secuelas en sus mentes por el resto de sus vidas, pero Dios te sana de toda dolencia. Busca de Dios él te hace nueva criatura entrega tu vida y tu corazón a Él. Él es pan de vida y nueva criatura serás. Padres y Familias solo Dios es el que juzga. El señor es vida. Te invito que leas la Biblia aunque no la entiendas, busca una Iglesia cristiana, encontraras nuevas familias y el verdadero camino y amor que es Jesucristo. El señor te dice hijo mío honra a tu padre y a tu madre y tendrás larga vida sobre la tierra. El ama al huérfano al abandonado, al maltratado.

Dios les bendiga a todos los joven del mundo.

Queremos aprender a vivir y tener una vida llena de sabiduría y esta la recibiremos por la enseñanza que está en los proverbios de Salomón *"El hijo sabio recibe el consejo del padre, pero el insolente no escucha las reprensiones."* PROVERBIOS 13:1 *"El sabio teme y se aparta del mal; el insensato es insolente y confiado."* PROVERBIOS 14:16 *"El hijo sabio alegra al padre, pero el hijo necio es la tristeza de su madre".* PROVERBIOS 10:1 *"Escucha, hijo mío, y se sabio: endereza tu corazón al buen camino."*(PROVERBIOS 23:19).

MUJER VIRTUOSA: PROVERBIOS 31:1- 31.

Todo el mundo está buscando la mujer ideal para su vida, la biblia la menciona en el salmo 31 el hombre está confiado en ella dice que ella hace el bien como todas las personas que aman a dios ella da sustento a su casa y aprovecha para aumentar las ganancias de su casa es una mujer trabajadora y no descansa cuando ella ve al desvalido lo ayuda no tiene temor de la circunstancias porque su corazón está confiado en Dios y está preparada para toda ocasión ella tiene todos los atributos que un hombre puede desear de su esposa ella es creativa como el señor y ensena justicia en su casa por eso sus hijos la admiran mucho y Dios la ve a ella de adentro hacia afuera no como el hombre ve a la mujer de afuera hacia adentro.

Sr Presidente: nuevamente me dirijo con el mayor respecto para hablarle que no estoy de acuerdo con las armas que quieren darles a los Maestros de las Escuelas para así proteger a los niños y jóvenes estudiantes. La única razón para mí solamente las armas son para usarlas en las guerras, no para tenerlas en las Escuelas, Casas, o Oficinas, no creo que esa sea la solución. Hoy en día hay muchas personas con miedo por la situación que está pasando en América sobre las Escuelas sin protección hacia los maestros y alumnos del plantel el hombre solo quiere matar hasta en las calles hoy en día no hay seguridad matan a las personas y los niños inocentes, ellos creen que es la solución matar y matar, solo las personas que beben de cargar Armas deberían ser la policía, y los que están en la guerra, al terminar los soldados con su servicio entregar las armas no llevarlas a las casas algunos de ellos traen traumas que pasan por la situación en que ellos están haciendo. En sus hogares no deberían tener armas, siempre hay muertes accidentales, por la responsabilidad de los adultos, los niños y jóvenes son curiosos. Cuantos jóvenes y niños has muertos a consecuencias del descuido de los padres. Acuérdense del joven que fue a la escuela armado e hizo desastre matando a los inocentes. Deberían de sacar una Ley sobre las Armas para así tener el control todos los negocios que vendan armas darle cuenta al gobierno sobre las ventas que tuvieron y a quienes se les vendió para así poder proteger a la humanidad de esas personas irresponsables. Para mí la única solución es Cristo Jesús, llevar nuevamente la Oración en la Nación, Las Escuelas, l Casa Blanca y otras Instituciones del Gobierno, que tanto necesitamos Urgente para que Dios pueda Reinar nuevamente en América fue fundada con el Cristianismo como era décadas atrás se leía La Palabra (La Biblia0) es la única solución. Sr. Presidente no vallan a llevar Armas a las Escuelas. La Oración tiene Poder y venceremos al enemigo que es satanás solo él quiere destruir al Mundo entero incluyendo a América. La humanidad le dio la espalda a Dios. Dios es Amor. El es El que quita Reyes y pone Reyes. Búscalo y lo encontraras. Discúlpeme Sr. Presidente, pero quiero lo mejor para América. Dios Bendice a América.

Sr, Presidente: como usted ha podido aprobar una Ley que las personas de mismo sexo se puedan casar. Eso delante de los ojos de Dios es pecado, Dios hizo la pareja varón y hembra desde que fundó el Mundo. La ira de Dios es grande cuando no obedecen sus mandamientos que están escritos en su Palabra (La Biblia). La desobediencia solo trae caos para una Nación. Les digo por favor busque de Dios. Dios está vivo El resucito al tercer día. La Tumba Esta Vacía, América necesita urgente la Oración. Día y noche, leyendo la Palabra, tomando en Primer lugar a Dios, por las malas decisiones del hombre. Tiene que Leer La Biblia, doblando rodillas todo es posible si podemos creer si queremos una América libre del pecado que es satanás, comiencen a orar sin cesar. Todo se está cumpliendo como está escrito en la Biblia.

Bienaventurado el hombre que soporta la tentación, porque cuando haya resistido la prueba, recibirá la Corona de Vida. (SANTIAGO 1:12 AL 15).

"Jesús es la Luz del Mundo" JUAN 8: 12. No miremos a la oscuridad que cada vez se hace más profunda, sino miremos a la luz que brilla más y más. Miremos las obras de Dios. Nuevamente otra tragedia en una escuela secundaria un joven con dos cuchillos en sus manos ataco a los estudiantes, será eso posible que las autoridades no hayan hecho nada hasta el momento de proteger a los alumnos, no han colocados detectores en las puerta de las escuelas para que no sucedan más tragedias en los planteles escolares, le hablo nuevamente al Presidente Obama que haga una Ley sobre la Oraciones en las escuelas es muy importante leer la Palabra de Dios en todo momento estamos pasando por tragedias muy desagradables porque el hombre le ha dado la espalda a Dios, hasta cuando los inocentes no puedan estar seguros en ninguna parte por falta de la Oración es muy importante y Urgente que tengamos en cuenta a Dios en todo especialmente con la Oración es espada de dos filos y quita todo obstáculo diabólico, satanás quiere reinar en el mundo entero, pero sabemos que con la Oración él es derrotado, y eso se debe hacer urgente es una Emergencia.

También quiero hablar nuevamente con la pena de muerte, para mí eso no debería existir, estoy de acuerdo que los que cometen crímenes sean castigados pero no con la muerte eso no es la solución, en cambio un violador hace monstruosidades paga una fianza y a los 5 meses está afuera sin cargos a ellos deberían de darles cadena perpetua sin consideración, si ellos fueron violados cuando era niños o joven y traen arrastra esa maldición ya es hora que necesitamos la Oración Urgente, hasta cuando el hombre es desobediente a Dios. Dios es Amor, están pasando tantas cosas en el mundo, porque no hay amor, el amor se apagó, miren como destruyen los hogares dejado a los niños y jóvenes sin sus padres solo por el odio y la maldad del hombre los deportan sin consideración como si fueran criminales miren como los estudiantes universitarios sin cargos los deportan sin chequear sus records, quien sabe si ellos son el futuro prometedor de este país, hasta cuando tanto odio, maldad, egoísmo, desprecio, sin amor a Dios, quien no hace excepción de personas deberíamos amarnos más y a otros por igual no somos los dueños de este mundo, todos tenemos derecho a disfrutarlo porque cuando nos vamos de este mundo no nos llevamos nada, debemos llevarnos un corazón limpio contrito y humillado delante de los ojos de Dios, porque Dios nos va a juzgar a todos por nuestras obras que hicimos en este mundo, a menos que hallan aceptado a Dios por medio del sacrificio de Unigénito Hijo de Dios Jesucristo no se salvara nadie del juicio de Dios.

6. ABUSO DE LOS ANIMALES

Estoy en contra de las personas que abusan de los animales, físicamente, es triste que puedan haber personas con mentes irracionales, mentes erróneas, los animales sienten

El dolor, el rechazo, la crueldad que les hacen, ellos tienen el derecho de vivir, los animales no pueden hablar como pueden haber personas sin amor, aun ni los animales se salvan de la maldad, del ser humano, que podrán tener esas personas en sus mentes, sin amor, un corazón negro para poder hacer tanta crueldad hacia los animales.

Abuso Físico: maltrato físico, maltrato sin comida, aun con bajas temperaturas tienen a las mascotas afuera sin tener amor en su corazón.

Abuso con temperaturas altas sin agua y muchas veces para el colmo amarrados. El hombre ha dejado el primer amor que es Cristo Jesús a claro no es para todas las personas solo aquellos que no tienen amor en su corazón. He visto llevar a sus mascotas con temperaturas altas, caminando o corriendo con sus dueños haciendo sus ejercicios los dueños con sus botellas de agua, pero he observado que su mascota lleva su lengua a fuera falta de tomar agua, será eso posible donde está el amor.

Las autoridades deberían penalizar a las personas crueles por abuso hacia las mascotas indefensas.

También los animales son abusados de no darles sus comidas a tiempo, hay personas que le dan una sola comida al día para que el animal no engorde, para mí es abuso yo quisiera saber si los dueños de los animales también comen una vez al día para no engordar. No lo creo ellos si pueden comer sus tres comidas y hasta más, deberían de darles por lo menos una merienda a su mascota. El hecho que sean animales no deberían abusar de ellos, la contrario hay que tener amor hacia ellos, ellos no pueden hablar sienten ellos sienten el rechazo, hay también personas que les pegan fuertes aun con los pies, correas, con palos eso es demasiado abuso ellos siente dolor, como me gustaría que cuando los maltraten puedan hablarles a sus dueños diciéndoles no me pegues, no me maltrates por favor cuídame ámame o regálame. El perro es el mejor amigo del hombre, no traiciona a su dueño, al contrario, el dueño si lo traiciona con abuso a su mascota, ellos son tan queridos Dios creó los animales. Amalo nada te cuesta Cristo te Ama, ama tú también. DIOS ES AMOR.

DE LAS CORRIDAS DE TOROS. Como las autoridades pueden dejas esos juegos ilícitos a las personas con un corazón negro, sacrificar un animal por ganar dinero fácil eso es abuso ellos creen que los hacen los hacen por atracones para el público pero eso es falso, solo por ganar dinero. Los matan a sangre fría eso es horrible su muerte eso es salvajismo sentirán un dolor grande, los toros atacan es para poder defenderse de esas personas crueles, abusan sin piedad.

Por favor Sr, Presidente haga algo no deberían de aceptar ese tipo de suciedad tan cruel ellos también tienen derecho a vivir, por favor ya basta contra el abuso de los animales

Sr. Presidente saque una ley urgente contra esos juegos ilícitos infernales para esos animales. DIOS JUZGARA AL HOMBRE POR SUS ACTOS.

7. LA IDOLATRÍA

Hoy en día el hombre se ha desviado de la verdad, que es Cristo Jesús, han dejado de orar al Señor de Señores, Rey de Reyes Dios Todo Poderoso a Él es el único que debemos adorar arrodillados delante de Él. No a otros dioses muertos no oyen, no caminan, no hablan, no ven. Esas son imágenes muertas, talladas por el hombre para nada es útil y ellos mismo para su confesión. Pero el hombre ha dejado de adorar al Señor, por su desobediencia han creado otros dioses (ISAÍAS 44:9 Reunidos y venid acercaos todos los sobrevivientes de entre las naciones. No tienen conocimientos aquellos que rigen su ídolo de madera, y los que ruegan a un dios que no salva. (ISAÍAS 45:20). Aborrezco A los que esperan en ídolos vanos. (Salmo 31:6). Los ídolos de las naciones son plata y oro obra de manos de hombres... (SALMO 135:15-17 La Idolatría delante de los ojos de Dios es Abominación. Dios aborrece la idolatría. Hoy en día el hombre no busca de Dios, buscan dioses muertos eso se llama idolatría. JESUCRISTO VIVE LA TUMBA ESTA VACÍA.

El hombre ha dejado a Dios, por dioses ajenos.
Todas sus estatuas serán despedazadas, todos sus dones/ serán quemados en el fuego, y asolare todos sus ídolos.
Somos creados a la imagen de Dios.
Bendito el hombre que confía en Jehová.
Señor enséñame tus caminos.
Señor solo tú me haces vivir confiado. (JEREMÍAS 17: 7,8).

8. LA HOMOSEXUALIDAD

Delante de los ojos de Dios es pecado.

Quiero decirles a algunos hombres que están en pecado. Dios hizo todo perfecto cuando hizo el mundo. Adán y Eva pecaron por la desobediencia a Dios. Desde entonces entro el pecado, algunos hombres sean desviado por el camino de la perdición, igualmente la mujer sus valores se han desviados han escogido el camino del pecado. Hoy en día se juntan hombre con hombre, mujer con mujer eso es pecado y abominación delante de los ojos de Dios. Dios desde el principio del mundo hizo varón y hembra (la pareja). Y les dijo multipliquen la tierra. Pero hoy en día el mundo está en desobediencia delante de los ojos de Dios en pecado uniéndose personas del mismo sexo. El hombre el ha dado la espalda a Dios, y le han dado la oportunidad a satanás para que gobierne sus mentes, sus vidas, eso va a la destrucción del mundo, se casan como si fuera normal, que podremos esperar de las nuevas generaciones. Pero Dios dice en su palabra que el que se junta varón con varón, hembra con hembra es abominación delante de los ojos de Dios, porque el pecado no puede entrar en los reinos de los cielos, al menos que se arrepientan de lo que están haciendo de estar en pecado, Dios los perdonara porque Dios es Amor. En la palabra esta la verdad. (LA BIBLIA).

El no quiere que nadie se pierda, y si no se arrepienten del pecado serán destituidos de la gloria de Dios, no podrán entrar en la presencia de Dios. Les digo abre tus ojos, todavía tienen tiempo para el arrepentimiento delante de Dios, hazlo Dios te está esperando con los brazos abiertos. Busca la presencia de Dios El vive La Tumba está vacía. Si tuvieran temor de Dios no actuaran como lo están haciendo unirse con el mismo sexo. Satanás le está gobernando sus mentes, engañándolos, dejándoles saber que ustedes están bien, no lo que ustedes hacen esta malo, satanás quiere y está destruyendo el mundo con sus mentiras, el no quiere ver a nadie feliz, sino llevarlos a la perdición. El quiere que la humanidad este en pecado, fornicación, adulterio, robar, matar, odiar, tener rencor, violar a los inocentes, a los jóvenes, a los ancianos y a las mujeres, será esto posible, todo eso es pecado. Dios bendiga al ser humano. Atreves del pecado el hombre a dejado el primer amor que es Dios. Les pido perdón si los ofendo pero el deber mío es hablarle de la palabra de Dios. No soy nadie para juzgarlos solo Dios es el que juzga. El mundo entero está sufriendo cada día más y más pruebas terribles por el pecado, han dejado a Dios, ahora no leen la Biblia en las Escuelas, no toman encuentra Dios. "QUE DIOS CONTINÚE BENDICIENDO A ESTA NACIÓN".

Bienaventurados los que tienen hambre y sed de justicia, porque ellos serán saciados MATEO 5:6 Levántate, resplandece por que ha llegado tu luz y la gloria del Señor ha amanecido sobre ti *"Lavaos y limpios; quitad la iniquidad de vuestras obras de delante de mis ojos; dejad de hacer lo malo".* (ISAÍAS 1:16) La justicia de los rectos los libraras más los pecadores serán atrapados en su pecado. (PROVERBIOS 11:6). Dios por su misericordia nos Ama. Lavaos y limpios quitad la iniquidad de vuestros obras de delante de mis ojos. (ISAÍAS 1:16).

DIOS BENDIGA A AMÉRICA.

Señor, hoy declaro que tu gracia, y tu favor van adelante, porque grande es Jehová, y digno de suprema alabanza. (SALMO 92:1). Jehová es bueno fortaleza a los que en el confían. (ISAÍAS 40:31). Es, pues la fe la certeza de los que se espera, la convención de lo que no se ve. Porque por ella alcanzaron bien testimonio los antiguos. (1 JUAN 5:4,5,).

Yo amo a los que me aman me hallan los que temprano me buscan. (Proverbios 3:17).

9. LOS VIOLADORES

Les hablo respetuosamente a las Autoridades. Como quisiera que pudieran hacer algo fuerte contra los violadores, son personas con mentes diabólicas, ellos no son locos están en pleno conocimiento de lo que hacen semejante motricidad con los inocentes, con los jóvenes, ancianos, mujeres. Son personas sin escrúpulos para la sociedad, son una amenaza para esta Nación, deberían colocarles los grilletes permanentes hace la autoridades puedan tener el control de ellos a donde se dirigen hacia no tienen las oportunidades de hacerles danos a los inocentes que son los niños. La palabra de Dios dice: Dejad a los niños venir a mí, y no se lo impidáis; porque de los tales es el reino de los cielos (Mateo 19:14). Hasta cuando los niños no puedan ser felices, dejarlos que disfrutan su niñez a causa de estos hombres diabólicos, ellos se merecen manos fuertes, castigarlos como debe ser sin piedad, tal vez los tenemos de vecinos y no sabemos nada. Les hablo nuevamente a las autoridades deberían de estar más vigilancia a ellos, y no enfocarse tantos en los indocumentados claro los que no hacen danos a los niños, los ponen preso y luego están en la calles vigilando a los inocentes, ellos si deben de deportarlos porque presos son carga para este país, eso es lo que ellos se merecen. Sr. Presidente deberían de tener en primer lugar a esos diabólicos, ellos acaban con el futuro de este País, no tiene amor ni piedad con nadie, a los padres de familia les mando un mensaje no confíes de nadie, no dejes a tus hijos solos ni con nadie llévatelos si es posible, y también les hablo algunas mujeres con nuevas parejas no confíen tú no sabes qué clase de hombres has metido en tu casa más cuando tiene hijos por en dio no hay deferencia si es varón o hembra, estas llevando cuchillo para tu misma garganta, cuídalos, cuando un hijo te dice que alguien lo está molestando escúchalo, porque hay muchas madres que no los escucha para que la pareja no se le valla, ellos son tu propia sangre, Dios te los regalo cuídalos más tarde vas a tener que entregarles cuenta a Dios por tus hijos. Amalo son inocentes, no tienen maldad en su corazón, ellos necesitan el cuidado de los padres. Ellos no tienen la culpa de haber venido a este mundo lleno de tanta maldad, y todo ocurre porque el hombre le ha dado la espalda a Dios. Los niños les queda secuelas, traumas con temprana edad, les hablo a esas personas que no tienen a Dios en su corazón que se arrepientan del daño que les hacen a los inocentes, cada segundo violan a los niños hasta cuando Dios mío, si no tuviste amor, compresión, tal vez fuiste violado en tu infancia en temprana edad, tal vez por eso tienes odio, rencor, maldad en tu corazón, tienes venganza pero eso no está correcto los inocentes no tienen la culpa de tu pasado, busca de Dios, Él te ayuda con ese trauma que traes arrastra son cadenas diabólicas, solo Dios te librara de ese pecado tan grande que llevas en tu corazón pídele perdón a Dios pero de corazón no de labios, busque ayuda rápido no te quedes callado con ese rencor que traen, sabes tus pensamientos te los controla Satanás, Dios te Ama, deja que Él te dirija tu vida y vas a salir de ese túnel oscuro en que vives. Les digo no el odio, pero tampoco estoy de acuerdo lo que están haciendo destruyendo las vidas de los inocentes (LOS NIÑOS). Pídanle perdón a Dios. (DIOS ES AMOR). Busquen la presencia de Dios Él vive La Tumba está Vacía. Dios les va a pedir cuentas por sus hechos, basta ya no pequen más, arrepiéntete. Bendito el hombre que confía en Jehová. (JEREMÍAS 17:7,8

10. INOCENTES EN LAS CÁRCELES

Cada persona tienen diferentes casos, pero hay muchos inocentes que están presos pagando condenas que no le corresponden a ellos, y los culpables libres donde está la justicia. Tienen a las personas equivocadas presos, va pasando los años y no hay solución para los inocentes, es injusto de no tomar encuentra a los inocentes. Sr. Presidente ya es hora que tomen en cuenta a los inocentes que están presos en las cárceles. También quiero hablar sobre la pena de muerte, no estoy de acuerdo eso no es la solución quitarle la vida al ser humano, creo que existen otras medidas de castigos solo Dios nos da la vida y es El único que la puede quitar no el hombre. Dios juzgara al hombre por sus hechos. La mayoría de las cárceles están llenas de inocentes y no solucionan nada con los casos, los tienen en el olvido y archivados. Claro si son hispanos indocumentado, a ellos no los toman en cuenta, eso para mí es racismo. Cuando los vengan a tomar en cuenta ya han pasado varios anos injustamente presos, será esto correcto delante de los ojos de Dios?, no lo puedo creer. Dios Bendiga a los inocentes que están en las cárceles. DIOS ES AMOR. Jehová dará poder a su pueblo; Jehová bendecirá a su pueblo con paz (SALMO 29:11). Más si no perdonáis a los hombres sus ofensas, tampoco vuestro Padre os perdonara vuestras ofensas. (MATEO 6:14,15). La oración del creyente Si confesamos nuestros pecados, Él es fiel y justo para perdonar nuestros pecados, y limpiarnos de toda maldad. 1JUAN 1:9. Cuando somos Obedientes somos Bendecidos.

11. FAMILIAS UNIDAS

Jesús en el sermón del monte o el monte de la bienaventuranza. MATEO: 5:1-9. Cuando cubras las relaciones familiares con oración, ya se trate de niños, padres, padrastros, hermanos, abuelos, tíos, tías, primos, habrá menos ocasiones de tentación o ruptura en ellos. Seamos Pacificadores. Evidentemente no hay suficiente de nosotros en el mundo. Padre gracias por tus Promesas. Todo yugo sobre mi familia se rompa. Por lo demás hermanos míos, fortaleceos en el señor, y en el Poder de su Fortaleza. (Lucas 16:10) LA Biblia dice; El que confía, en su propio corazón es necio, más el que camina en sabiduría será librado. (PROVERBIOS 28:26). Orar por los inocentes que están en las cárceles pagando justos por pecadores. Que se haga justicia con los verdaderos culpables. Ya no existe amor por el prójimo, por la afligida, por los que están en las calles, perdidos sin Dios y sin amor. Cada día estamos más cerca de la vanidad de Dios, todo se está cumpliendo como está escrito en la palabra de Dios.(LA BIBLIA). Llegará como ladrón en la noche, tenemos que estar vigilando y orando en todo tiempo. Oremos pidiendo por todos los países del mundo, por nuestros familiares, por los enemigos ocultos. Hay que buscar más de Dios Él Vive la Tumba está Vacía.

ORAR ESPECIALMENTE POR AMÉRICA ORAR POR ISRAEL DIOS NOS BENDIGA CRISTO NOS AMA Tenemos un mandato de Dios, Predica el Evangelio, Las Buenas Nuevas de Salvación. Señor enséñanos tus caminos. *No me avergüenzo del Evangelio porque es Poder de Dios para salvación de todo aquel que cree. Del Judío primeramente y también del Griego.* Romanos 1:16 El sana a los quebrantados de corazón y venda sus heridas. (SALMO 147:1,2,3).

SEGURIDAD: Pero fiel es el Señor, que os afirmara y guardara del mal. 2 (TESALONICENSES 3:3). Y no contristéis al Espíritu Santo de Dios, con el cual fuisteis sellados para el día de la redención. (EFESIOS4:30).

LA BIBLIA DICE:

Si pues coméis o bebéis o hacéis otra cosa hacedlo. Todo para la gloria de Dios (1CORINTIOS 10:31)

CAMBIAR EL MUNDO: *De cierto, de cierto os digo: El que en mi cree, la obras que yo hago, él también las hará; y aún mayores hará porque yo voy al Padre...* (Juan 14:12)Toda persona que ha creído en el sacrificio de nuestro señor Jesucristo tiene el poder y autoridad de Dios para hacer lo que Dios dice en su palabra que es otras palabras la constitución del reino de Dios.

Nuevamente le hablo Sr. Presidente:

Como es posible que usted permita las deportaciones a los hispanos, algunos de ellos no tienen su rencor malos, los presan sin dejarlos hablar como si fueran unos criminales, las Autoridades actúan con ellos bruscamente, no les importa dejando atrás su familia, rompiéndoles sus hogares y quienes sufren son los inocentes son los que pasan las consecuencias, que dando los hijos solos y se los llevan a las Instituciones esos lugares para ellos son traumas, con personas desconocidas sin saber cómo los van a tratar tal vez no habrá amor sino abuso físico, verbal, emocional para el resto de sus vidas   . Desde allí se forman jóvenes con mucho rencor a la humanidad sin amor, solo tienen en sus mentes es destrucción al hombre y a la Nación. Las Autoridades deben de actuar con disciplina, deben de tener amor, misericordia al prójimo, no odio, amargura, rechazo, racismo en sus corazones. Dios es Amor. Dios hizo el Mundo para todos no hay diferencia, este País fue fundado con Emigrantes y hasta hoy en día. Basta ya contra el racismo hacia los hispanos. Nadie se salvara del juicio de Dios. El amor viene de Dios sepan amar y serán felices.

En cambio los violadores los que abusan y maltratan a los niños y jóvenes, ellos están en las calles libres sin cargos, esas personas si son criminales, no los hispanos que traban en este país para sustentar sus familias, y pagando sus impuestos. Lo que pasa que el mundo entero ha dejado su primer amor (Dios es Amor). Deberían de enfocarse más en los violadores y todas las personas vagas que destruyen este País. Me siento muy mal, de ver tantos niños inocentes sufrir con tempranas edades sin sus padres sus hogares destruidos por la mano del hombre. Pero hay un Dios en los cielos Todo Poderoso y Misericordioso y Él está Vivo no Muerto La Tumba está Vacía. Todo se lo dejamos a Dios Él tiene la Última Palabra. DIOS ES AMOR. Sr. Presidente, discúlpeme por las palabras fuertes pero yo me llevo por La Biblia. Todo lo que está sucediendo en el mundo se está cumpliendo ya no hay amor. Esto es el principio de dolores. Tenemos que agarrarnos de las manos de Dios con un corazón limpio y contrito y humillado. Para tener la Victoria en Cristo Jesús. Que Dios continúe Bendiciendo a América. LA Palabra de Dios dice no confiesa en el hombre confía en mí. Dios Bendice al Hombre y a la nación. Quita de tu corazón el enojo, y aparta de tu corazón el mal.

EXHORTACIÓN A LA OBEDIENCIA:

Somos felices cuando nuestros hijos nos obedecen y guardan nuestros dichos y así mismo Dios se siente cuando guardamos sus mandamientos, estos mandamientos están en la ley que fue entregada a Moisés en el Sinaí escritas en una piedra pero en Jeremía podemos ver 33 dice que la escribirá en su corazón en proverbio nos da enseñanza al que guarda los mandamientos de

Dios y también nos da los beneficios de hacerlos (PROVERBIOS 3:1-35.

Jehová es Dios celoso y vengador: En el libro de Nahúm nos muestra que nuestro Dios Jehová es vengador y celoso y está lleno de indignación contra los adversario y la venganza es de Él, los enemigos de nuestras almas y todo lo que están encontrar de los hijos de Dios. (NAHÚM 1: 1-9).

¿Hasta cuándo, Jehová, gritare sin que tu escuches, y clamare a causa de la violencia sin que tu salves? ¿Por qué me haces que vea tanta maldad? Ante mi solo hay destrucción y violencia; pleito y contienda se levantan delante de mí y hoy estamos viendo en los acontecimientos que vemos a diario y en la historia de la humanidad.

Cercano esta el día grande de Jehová: estamos llegando ya a este día en la cual será amargo y todo el mundo gritara asolamiento y oscuridad ni nada los podrá ayudar ni su plata ni su oro y la tierra será consumida en fuego y esto es para todos.... (SOFONÍAS (1: 14-18)

¿QUIEN ERES PARA JUZGAR?

Hermanos, no murmuréis los unos de los otros. El que murmura de la Ley y juzga a la Ley, sino juez. Uno solo es el dador de la Ley, que puede salvar y condenar; pero tu, ¿Quién eres para que juzgues a otro? (SANTIAGO 3: 11-12)

LA AMISTAD CON EL MUNDO:

¿De dónde vienen las guerras y los pleitos entre vosotros? ¿No es de vuestras pasiones, (SANTIAGO 4:1-10)

SED PACIENTES Y ORAD:

Por tanto, hermanos, tened paciencia hasta la venida del Señor. Mirad como el labrador espera el precioso fruto de la tierra, aguardando con paciencia hasta que reciba la lluvia temprana y la tardía. Tened también vosotros paciencia y afirmad vuestros corazones, porque la venida del Señor se acerca. (SANTIAGO 5:7-8)

CONTRA LOS RICOS OPRESORES:

El ser humano se ha dejado llevar por las posiciones y las riquezas Jesucristo dijo en los evangelios hace tesoros en el cielo donde ni la polilla ni el orín corrompe....Mateo 6:20 y nos preguntamos cómo podemos hacer riquezas en el cielo? Cuando hacemos el bien y obedecemos a Dios.

NO HAY OTRO EVANGELIO:

"Estoy asombrado de que tan pronto os hayáis alejado del que os llamo por la gracia de Cristo, para seguir un evangelio diferente"... (GALATAS 1:6-9)

LA VIDA QUE AGRADA A DIOS:

como dice en la biblia la palabra de Dios: "sin fe es imposible agradar a Dios" es una frase muy común en el mundo cristiano por consecuencia para poder agradar a Dios necesitamos fe y la definición bíblica de fe es "la certeza de lo que se espera la convicción de lo que no se ve..... Hebreo 11:1 en otras palabras esto es confianza en Dios, si yo confío en Dios por consecuencia yo le agrado a Dios podemos decir también creer a Dios.

EXHORTACIÓN A ALABANZA A JEHOVÁ

Cuando nosotros obedecemos a Dios y a su palabra estamos dando alabanza a nuestro Dios por las maravillas de la creación es por eso que el sol sale a las seis de la mañana y hace su curso establecido por su creador y la tierra gira a su velocidad establecida por el todo poderoso. La alabanza es producto del hombre como sacrificio de labios como dice su palabra entra por sus atrios con alabanza, los sacrificios en el antiguo testamento eran becerros machos cabríos ovejas pero hoy en día desde el sacrificio de Jesucristo se termino el sistema sacrificial y ahora la alabanza es el sacrifico a Dios.

12. LE HABLO NUEVAMENTE AL PRESIDENTE OBAMA

Les hablo a las Autoridades especialmente al Presidente de esta Nación.

Me entero por medio de la TV que el señor Alvarado con un record limpio, trabajador, no vive del gobierno es un ciudadano ilegal, fue de visita a su país a ver a su madre que se encuentra enferma y al regresar nuevamente al país no lo dejaron pasar lo han deportado a su país como si fuera un criminal. Eso es un golpe fuerte para sus hijos de no tener a su padre de nuevo en su hogar, son traumas para ellos es un caso insólito pero real lo que se está viviendo en América hasta cuando existirá el racismo, tenemos que tener amor al prójimo. Dios dice en su palabra que nos amemos unos a otros como así mismo. En cambio los verdaderos criminales están en las calles sueltos haciendo de las suyas sin control de las autoridades como son los violadores que cada día hay más y más están en los closets escondidos y después la bomba explota por que los tenemos de vecinos y no sabemos nada solo lo que hacen es destruirles la mente a los inocentes y jóvenes los futuros de este país, con ellos si no deben de tener misericordia mano dura con ellos, no a las personas responsables que trabajan duro en este país con sus record limpios, por favor ya basta con el racismo todos los países del mundo se fundaron con emigrantes. DIOS ES AMOR.

A VENEZUELA LES MANDO QUE BUSQUEN MAS DE DIOS Y DEJES DE ADORAR DIOSES AJENOS.

Que no hablan, no escucha, no ven, no caminan son imágenes creadas por la mano del hombre. Hoy en día han llevado la idolatría de cuba los Babalao para que el pueblo crean en la mentira del diablo no se dejen engañar al único que hay que clamar es Dios Todo Poderoso Él vive la Tumba está Vacía. Clama a él y él te responderá para que Venezuela sea para Cristo y puedan tener un Presidente que en verdad ame al prójimo no a los corruptos haciéndose pasar por venezolanos engañándolos con mentiras los tienen sin nada pasando hambre no hay nada y todavía los países del mundo entero no les han metido la manos del abuso que ustedes están pasando hay alrededor de 8.800 personas muertas y otras que no sabemos, hay jóvenes estudiante universitarios presos inocente por defender su país con record de criminales, será eso posible que nadie pueda hacer algo por ellos, busque que Dios día y noche pero en verdad clama de rodillas busquen la presencia de Dios Él vive y será una Venezuela libre de dictadura así como tienen a cuba desde décadas sin liberta cautiverios por el comunismo y así quieren los castros apoderarse de Venezuela todo se ha robado sobre todo el petróleo venezolano símbolo de la patria, saben les digo a ustedes venezolanos busquen más de Dios se los pido si quieren una Venezuela libre pero actúen cuantos antes sin perder tiempo nada les gusta, dejen de quejarse y la solución las tienen en sus manos la Oración tiene poder y la fe mueve montañas miren como David derrotó a Goliat ustedes pueden derrotar a Goliat que es satanás él quiere apoderarse del mundo entero pero le va aquedar chiquito porque Dios es el dueño del mundo entero y de nosotros satanás no tiene voto ni mando en nuestra vidas. Los habitantes de Venezuela no pueden ver las noticias no por la TV y por la radio todos están incomunicados todo eso pasa para que el mundo entero no sepa nada por lo que están pasando los venezolanos cada día es peor no hay nada solo miseria un país tan lindo como es Venezuela con tanta riquezas que Dios le dio a la Patria. El hombre es esclavo de la idolatría creen en imágenes hechas por la manos del hombre son imágenes muertas. Solo a Dios hay que adorar no hay otros dioses solo hay uno Dios El Padre El Hijo y El Espíritu Santo. Los quiero ver felices como antes que puedan lograr la libertad por medio de la Oración y buscando a Dios en espíritu y verdad de corazón no de labios. La fe mueve montañas y queremos que esas montañas sean derivadas para la gloria de nuestro Señor Jesucristo Amen. Crean no desmayen no te rinda vence todo obstáculo, tienen que vencer a sotanas a esos hombres con mentes diabólicas que creen que tienen el mundo entero en sus manos pero será posible que ellos no puedan pensar que sin Dios no somos nada él nos da la vida, si respiramos, si caminamos, si oímos, si hablamos, si dormimos, si vemos es por la voluntad de Dios no es por la voluntad del hombre porque delante de Dios no somos nada. Invito a todas las Iglesias del Mundo entero que oren por Venezuela lo necesitan urgente ese pueblo está sufriendo el que está en su zapato sabe el dolor que ellos están pasando. Los dictadores creen que van a tapar el sol con un dedo pero están bien equivocados no lo pueden hacer, porque delante de los ojos de Dios no hay nada oculto todo sale a la luz del Mundo para que todo ojo lo pueda ver. Bueno de mi parte que Dios les continúe bendiciendo en todo. Sé que tendrán la victoria si puedes creer. Dios es Amor. Jesús es la Luz del Mundo créelo y serás salvo tú y tu casa.

No miremos a la oscuridad que cada vez se hace más profunda, sino miremos a la luz que brilla más y más. Miremos las obras de Dios.

Jesús la Luz del Mundo. Otra vez Jesús les hablo diciendo: Yo soy la Luz del Mundo; el que me sigue, no anduviera en tinieblas, sino que tren da la Luz de la vida.

El único Salvador del Mundo es Cristo Jesús. Todos tus pecados son perdonados por la eternidad. Tenemos paz por nuestro

Señor Jesucristo. Pon la fe en Jesucristo. Como me cambio a mí también te puede cambiar a ti.

VICTORIA EN LA PRUEBA.

"Bienaventurado el hombre que soporta la tentación, porque cuando haya resistido la prueba, recibirá la corona de vida que Dios ha prometido a los que lo aman" (SANTIAGO 1:12-15)

Los que están presos sin ninguna justificación el solo hecho de defender a Venezuela como venezolanos que son, quieren una Venezuela libre sin régimen comunista y dictadores cubanos que son los que están actualmente dirigiendo el país de Venezuela las emisoras de radio, T.V. no pasan las verdaderas noticias de abuso al hombre venezolano, más de 60 muertos diarios, se encuentran presos el Sr. López Leopoldo, Iban Simone, los Alcaldes sin ninguna justificación hasta cuando el pueblo venezolano está sufriendo esta injusticias en su propio país de partes de unos extranjero que invaden a una Nación y adueñarse de ella como si les pertenecieran a los dictadores castristas, maduro y cabello. Les digo a los demás países latinos cuídense de los lobos rapaces que pican y se extienden para robar el dinero de la Nación, solo quieren matar robar, los que les pertenecen a los venezolanos."

El Ministro Rodrigo Torres se hace el desentendido de lo que está pasando en Venezuela otro castrista más. Y les quiero decirles nada hay oculto delante de los ojos de Dios ustedes si tienen corazón van a entregarles cuenta a Dios del Juicio nadie se salvara porque Dios está Vivo La Tumba está Vacía. Los venezolanos no tienen comida, jabona de baño, jabón de lavar, crema dental, papel higiénico, desodorante nada hay en un país tan rico que Venezuela. Con las riquezas naturales que Dios les dio hasta cuando los tiene sin Luz Eléctrica pasan días horas en la oscuridad, no les importa nada ellos son felices haciendo la maldad y la crueldad al hombre eso solo son mentes diabólicas que los tiene satanás poseídos para hacer daño al hombre y a las

Naciones. Les trajeron Maestro Cubanos, Médicos y Militares como si Venezuela como si el país no los tuviera tenemos médicos de sobra, maestros y militares, claro ellos trajeron a esas personas para meterles las doctrinas comunistas al pueblo, entonces sacaron a los profesionales que se prepararon para tener una Venezuela con progreso para los futuros estudiante los han llevado al abismo sin nada. Muchas personas han abandonado su país emigrando a otros países para poder tener la libertad en todo aspecto. Será esto posible que esté sucediendo hoy en día en pleno siglo veintiuno increíble y les digo a los militares venezolanos se dejaron quitar su país, porque después de un golpe de estado ustedes son los que mandan a la patria, pero los engañaron y ustedes pueden darse cuenta como esta su país en el abismo, los castros odian al mundo ellos no tienen a Dios en su corazón ni en su mente, solo quieren destruir el mundo y solo quieren hacerse rico de los que verdaderamente estudiaron y quitarles todo lo que obtuvieron por medio de sus estudios profesionales. Le pido al pueblo venezolano los que no están con el régimen castrista que tengan toda la Fe y Esperanza en Cristo Jesús El Salvador del Mundo. Al final del túnel hay Luz una Esperanza en Cristo Jesús no te rindas porque al final tu tendrás una corona y una vida eterna en Cristo Jesús Alábalo que él Vive. Dios Bendice a Venezuela y esperamos que se acabe esa tormenta lo más rápido posible como un cerrar de ojo, cuando Dios diga ya basta con la idolatría, Dios aborrece la idolatría y Venezuela está pasando por un tormento grande el hombre ha dejado su primer amor que es Dios por adorar imágenes muertas hecha por la mano del hombre hay no hay vida, le han permitido a satanás que gobierne sus vidas y Satanás solo quiere ver el mundo en conflicto, odiarse, matarse unos a otros pero para Satanás no hay amor porque el Amor es de Dios. Dios dice en su palabra que es la Biblia ama a tu prójimo como a ti mismo, ya basta con el racismo, odio, rencor no importa la raza, color todos somos hijos de Dios él nos da la vida y nos la quita no le pertenece al hombre matar y destruir no DIOS ES AMOR, amalo tú también que seriamos sin Dios. Les pido de corazón a los presidentes del mundo entero aquellos verdaderamente aman a su prójimo que ayuden al pueblo de Venezuela lo necesitan urgente está sufriendo en todos los aspectos hay que estar en ese zapato para saber la realidad les doy las gracias verdaderamente por aquellos que verdaderamente tienen un corazón todavía bueno sin odio, a Venezuela se le acabo la democracia pero no pierdan la esperanza solo Cristo lo salvara del pecado y del infierno en que ustedes están viviendo cada minuto y cada día. La palabra de Dios dice no confieses en hombre Cree en Mi. Alábalo que él Vive. Les amo mucho pueblo venezolano todos los días oro por Venezuela y tenemos que tener la fe y la esperanza en Cristo Jesús que pronto veremos ese milagro que tanto désenos para ustedes una Venezuela libre para CRISTO. La fe mueve montañas y esas montañas malas que hay actualmente gobernando a Venezuela se tendrán que irse porque ahora quien va a dirigir a Venezuela es Cristo Jesús. Y LA LUZ CON LAS TIEBLAS NO PUEDEN ESTAR JUNTAS. ALÁBALO QUE EL VIVE.

DIOS BENDICE A VENEZUELA.-

LOS DIEZ MANDAMIENTOS.

Hablo Dios todas estas palabras: Yo soy Jehová, tu Dios, que te saque de la tierra de Egipto, de casa de servidumbre. No tendrás dioses ajenos delante de mí. No te harás imagen ni ninguna semejanza de lo que este arriba en el cielo, ni abajo en la tierra, ni en las aguas debajo de la tierra. No te inclinaras a ellas ni las honraras, porque yo soy Jehová, tu Dios, fuerte, celoso, que visito la maldad de los padres sobre los hijos hasta la tercera y cuarta generación de los que me aborrecen…. (ÉXODO 20: 1-7-12-16)

BIBLIOGRAFÍA

BIBLIA REINA VALERA (VERSIÓN 1995) EDICIÓN DE ESTUDIO

BIBLIA REINA VALERA (VERSIÓN 1960)

Printed in the United States
By Bookmasters